시작시인선 0123

노랑

시작시인선 0123
노랑

1판 1쇄 펴낸날 2010년 11월 30일
1판 4쇄 펴낸날 2014년 8월 29일
지은이 오봉옥
펴낸이 채상우
디자인 꼬마철학자
펴낸곳 (주)천년의시작
등록번호 제301-2012-033호
등록일자 2006년 1월 10일
주소 100-380 서울시 중구 동호로27길 30, 510호(묵정동, 대학문화원)
전화 02-723-8668
팩스 02-723-8630
홈페이지 www.poempoem.com
이메일 poemsijak@hanmail.net

ⓒ오봉옥, 2010, printed in Seoul, Korea

ISBN 978-89-6021-143-8 03810
   978-89-6021-069-1 03810(세트)

값 9,000원

*이 책 내용의 전부 또는 일부를 재사용하려면 반드시 저작권자와 (주)천년의시작 양측의 동의를 받아야 합니다.
*잘못된 책은 바꾸어 드립니다.
*지은이와 협의에 의해 인지는 생략합니다.

노랑

오봉옥 시집

천년의 시작

시인의 말

    십삼 년 만에 다시 시집을 낸다. 재주가 없고 게으르다 보니 그렇게 되었다. 그럼에도 난 여전히 '시를 산다'는 착각 속에 살고 있다. 살아오면서 시는 나에게 유일한 벗이었다.
    써 놓고 보니 죽음을 노래한 시편들이 많다. 별거 아니다. 스스로를 유폐시키는 데 익숙하다 보니 죽음과도 친한 사이가 되었다. 그뿐이다.
    지천명의 나이에 지난 세월을 돌아보니 나에게 가장 큰 행운은 시를 만난 것이었다. 시가 주는 자유, 시가 주는 희열, 내가 꿈꾸는 세상은 늘 시 안에만 있었다. 이런 세상이 계속된다면 다시 태어나도 시를 찾을 것만 같다. 새삼 '시'에게 감사드린다.

차 례

시인의 말

공놀이 ——— 11
나를 만지다 ——— 13
거미와 이슬 ——— 14
어느 하루 ——— 16
고양이 ——— 17
달팽이가 사는 법 ——— 18
눈물의 땅 ——— 19
편지 ——— 20
은방울꽃 ——— 22
흙산과 독산 ——— 24
수평선 ——— 26
해학 ——— 27
왕의 비애 ——— 28
노랑 ——— 30
극락에 계시다 ——— 31
내 꽃이 아니다 ——— 32

33 ── 폐허의 눈
34 ── 그림자를 본다
35 ── 그 노을을 본다
36 ── 저 바람
38 ── 한강대교 1
39 ── 한강대교 2
40 ── 말
42 ── 어미 쥐의 말씀
43 ── 장화 여행
44 ── 이런 죽음
45 ── 임종
46 ── 오래된 바위
48 ── 오아시스
49 ── 경계가 없다
50 ── 거기
52 ── 민족식당

초록 ——— 53

너희들이 세상이다—북녘 땅 용천 아이들에게 부쳐 ——— 54

소나기 ——— 56

어머니 ——— 59

별똥별의 비밀 ——— 60

책 ——— 62

꿈속의 장난 ——— 63

나를 던지는 동안 ——— 64

구라실 당숙모 ——— 66

스핑크스 통과하기 ——— 67

산화 ——— 68

앉은뱅이술 ——— 69

삼가 ——— 70

무서운 당신 1 ——— 71

무서운 당신 2 ——— 72

사진 ——— 73

74 ──── 떴다방 수업
75 ──── 늦봄
76 ──── 아내의 널뛰기
77 ──── 미루나무와 구름
78 ──── 쌍둥이
79 ──── 당신을 앓다
80 ──── 외로울 때는
81 ──── 이런 여자
82 ──── 조문
83 ──── 이것
84 ──── 하루
86 ──── 꽃과 나비

해설
87 ──── **유성호** 균형과 구체의 감각

일러두기

한 연이 첫 번째 행에서 시작될 때에는 ＞로 표시합니다.

공놀이

한 아이가 학원도 가지 않고
달을 차고 논다.
발끝으로 톡톡 건드리다가
질풍처럼 몰고 가기도 하고
하늘 높이 뻥, 내지르기도 한다.
그 순간 달은 집으로 돌아갈까 하다가
저 혼자 노는 아이가 안쓰러워
다시금 풀밭에 통통통 떨어진다.
아이는 오늘
처음으로 세상의 주인이 되어
달을 차고 논다.
골키퍼가 되어 짐승처럼 웅크리기도 하고
페널티킥을 실축한 선수가 되어
연신 헛발질 하는 흉내를 내다가도
어느새 다시 골 넣은 선수가 되어
손가락으로 브이 자를 그리며
경중경중 춤추듯 걷는다.
어라, 언제 시간이 이렇게 되었지?
아이가 달을 숨겨 놓으려는 속셈으로
공중으로 뻥 차올리자

구름 벗겨진 하늘이 그것을 날름 받아
시치미 뚝 떼고 하늘가에 내놓는다.

나를 만지다

어둠발 내리고 또 혼자 남아 내 몸을 가만히 만져 보네. 얼마 만인가. 내가 내 몸을 만져 보는 것도 참 오랜만이네. 그래, 기계처럼 살아왔으니 고장이 날 만도 하지. 기름칠 한번 없이 돌리기만 했으니 당연한 일 아닌가. 이제 와서 닦고 조이고 기름칠한들 무슨 소용이 있나. 내 몸 곳곳의 나사들은 붉은 눈물을 줄줄 흘릴 뿐이네. 필사의 버티기는 이제 그만, 급기야 나사 하나를 바꿔 볼까 궁리하네. 나사 하나쯤 중국산이나 베트남산이면 어때, 벼락 맞을 생각을 하기도 하네. 어둠 속에서 난 싸늘하게 굳은 나사 하나를 자꾸만 만져 보네.

거미와 이슬

거미의 적은 이슬이다
끈끈이 점액질로 이루어진 집은
이슬의 발바닥이 닿는 순간
스르륵 녹기 시작한다
눅눅해진 거미줄로는
그 무엇도 붙들 수 없어
허공을 베어 먹어야만 한다

거미는 숙명적으로
곡마단의 곡예사가 된다
가느다란 줄에 떼 지어 매달리는 이슬을
곡예사가 아니고선
다 털어 낼 수 없기 때문이다

이슬의 살은 공처럼 부드럽다
곡예사는 이슬을 발가락 끝으로 통
통 퉁겨 보기도 하고
입으로 빨아들여 농구공처럼 톡
톡 내쏘기도 한다
작은 물방울들을 눈덩이처럼 굴려

크게 만들어 놓은 뒤
새총을 쏘듯이 거미줄을 당겼다 놓아
다시금 새하얀 구슬들로 쏟아지게도 한다

이슬을 다 걷은 거미는
괜시리 한번 거미줄을 튕겨 본다
오늘도 바람이 불면 그물망 한 가닥
기둥처럼 붙잡고 흔들릴 것이다
그뿐인가,
팽팽한 줄이 퍼덕이는 순간
회심의 미소를 짓기도 할 것이다

어느 하루

가장 낮은 자리에서부터 금이 가는 것인가
오늘도 압류 딱지를 붙이는데 쩡하고 금이 간다
때우고 꿰맨 살림살이들이 즐비하다
그중 값나가는 건 휠체어 전동차 한 대뿐
몇 번을 망설이다가 빨간 딱지를 붙이고 돌아선다
쪽방에 누운 노인이 두 손을 내젓다가 만다
멍하니 서 있던 열 살짜리 계집아이가 순간 울음을 터트린다
악마야, 그 아이의 말 한마디가 비수가 되어 꽂힌다
어쩌다 여기까지 왔는지,
제기랄, 저 하늘에도 딱지 한 장 붙였으면 좋겠네,
장마가 지나가야 햇살은 더 쨍쨍한 법,
살아온 날을 동여매야
살아갈 날이 또 새롭게 열리는 법이지,
술 한잔 마시지 않고도 취해
혼자서 주저리주저리 돌아오는 밤이다

고양이

 십이지간엔 왜 고양이 띠가 없는 걸까 고양이처럼 살아온 그녀 오늘도 꽃방석에 앉아 졸고 있다
 그녀의 눈엔 하늘의 달 두 덩어리 환하게 박혀 있다 그 달빛에 쏘여 눈먼 사람 여럿 있었다
 곱다는 말 귀에 달고 살아서인가 딸네 집에 와서도 혼자서 거울 보며 딸년 스카프나 둘러보곤 한다
 세상에 그런 팔자 없었다 일평생 했던 일이라곤 남편 똥장화를 반들반들하게 닦는 일뿐이었다
 오늘도 손주 녀석 재롱 보고 환하게 웃기나 한다 똥도 이쁘게 쌌다고 호들갑을 떤다 똥 치우는 건 질색이다 딸년 부른다

달팽이가 사는 법

나도 한때는 눈물 많은 짐승이었다. 이슬 한 방울도 누군가의 눈물인 것 같아 쉬이 핥지 못했다. 하지만 난 햇살이 떠오르면 숨어야만 하는 존재로 태어났다. 어둠 속에 갇혀 홀로 세상을 그려야 하고, 때론 고개를 파묻고 깊숙이 울어야만 한다. 전생에 무슨 죄를 지어 그런 천형의 삶을 살고 있는 것인가. 등에 진 집이 너무도 무겁다. 음지에서, 뒤편에서 몰래몰래 움직이다 보면 괜시리 서럽다는 생각이 들고, 괜시리 또 세상에 복수하고 싶어진다. 난 지금 폐허를 만들고 싶어 당신들의 풋풋한 살을 야금야금 베어 먹는다.

눈물의 땅

여그서 죽을란다, 멀리서 돌아와 눈퉁만치 작은
이 나라가 보이기 시작할 때마다 눈물 다짐했었지
비록 일평생 밥이나 빌고 살았지만
허구한 날 엎어지고 끌려가고 얻어터지고 살았지만
다시 태어나도 난 여그서 살란다
별천지가 따로 있더냐, 철마다 해마다 다르게 피어나는
저 산이 별천지더라 길 하나만 해도 그냥 길이 아니더라
구부렁구부렁 걷다 보면 구시렁구시렁 말도 거는 길이더라
어제의 꽃이 아니어서 게걸음을 하고
어제의 강이 아니어서 우두커니 바라보게 되더라
먼저 죽은 영혼들이 손짓을 하면
그의 무덤이라도 끼고 곁을 내주어야 하는
이 눈물의 땅, 그리고
논이 되어 밭이 되어 저녁 어스름이 되어 살다가
죽어선 그저 누군가의 밥이 되어도 좋을 나,

편지

옛날에 꼰날에 방귀깨나 뀌는 사람들은 머슴을 시켜 서찰을 전달했다. 머슴은 서찰을 품고 불알에서 핑경 소리 나듯 달렸다. 궁정에서는 말(馬)이 말(言)을 싣고 달리게 했다. 채찍이 휙휙 말의 옆구리를 휘감을 때마다 핑경 소리는 더 요란했다. 딸랑딸랑딸랑, 말 목에 달린 방울이며 말과 파발꾼의 불알이 하모니로 울려 대는 소리였다. 불을 뿜는 기차가 등장하자 핑경 소리는 더 이상 필요치 않았다. 사람들은 다음날 화살처럼 날아온 편지를 읽을 수 있었다.

세상에나! 요즘엔 문자로 총을 쏘는 아이들이 많다. 새파란 처녀가 흔들리는 버스 안에서 친구랑 조잘거리며 화면도 보지 않고 문자를 쓰고 날린다. 손가락으로 통, 이 세상 이야기를 넘겨주고 손가락으로 통통, 저 세상 이야기를 되받는다. 총알처럼 빠르다. 안녕, 하는 순간 '안녕, 내일 봐'까지를 읽어 내고 '그래'라는 말을 또 날린다. 세상에나! 잠시 졸다가도 그녀는 방아쇠를 당긴다.

그러거나 말거나 나는 딸년의 거듭되는 총질에 핸드폰부터 치켜든다. 여보세, 라고 말하려는 순간 '됐어'라는 문자가 다시 가슴에 와 박히고 나는 죽는다.

은방울꽃

눈물 그렁그렁 달고 끌고 떠나가더니
은방울꽃 되었나

거기는 자식 셋 내지르고 죽은
제 사내 무덤이라지

거기 사니 좋겠네
은방울 달랑달랑 매달고
죽은 사내 흔들어 깨우니 좋겠네

사십 년 동안 쟁여 둔 말
보고 싶었다는 그 말
가슴 깊은 곳에서 이젠 꺼내겠네

죽어서라도 한번 만나야 한다더니
제 사내 무덤머리를 끝내 초록 이불로 덮었다지
거기 함께 누웠으니 참 좋겠네

살랑, 살랑바람 불어도 진한 살내음을 내뿜고
비로소 가지런한 이도 하얗게 내보이며

배식배식 웃고 있는 당신

흙산과 독산

흙산과 독산이 저 홀로 흙산이고 독산이던 시절이었어. 둘은 마주 보고 살았대.

어느 날 독산이 붉은 노을 속에서 흙산을 한번 힐끗 쳐다보았더니 이쁘더라네. 저녁 어스름 속으로 저를 거두어 가는 자태가 그리도 곱더라네.

봄꽃 내음이 살랑, 나비처럼 건너오면 독산은 발정난 개처럼 군침부터 흘렸어. 봄 향기에서 암내를 맡든 말든 지 맘 아닌가.

어쩌자고 흙산은 먼 데 산만 바라보았어. 누가 눈길을 주거나 말거나.

골이 난 독산이 먼저 돌팔매질을 했던거라. 뙤약볕처럼 쏟아지는 돌팔매질에 흙산이 그냥 당하고만 있었어.

흙산이 독을 맞고 독을 품었어. 독이 속살로 파고들더라네. 독산이야 흙을 맞고 흑흑 울었지 뭐.

\>
그래서 흙산이 독산 되고 독산이 흙산이 되었대나 어쨌대나.

수평선

단발머리 소녀들이 촛불로 만든 수평선!
태양도 품어 바글바글 끓게 하고
끝내는 붉은 노을로 철철철 넘치게 하는 수평선
똥새도 비단구름도 잠겨 흘러가게 하고
지나가던 달님도 붙잡아 넋 놓고 바라보게 하는 수평선
툭 건들면
물고기 몇 마리 파다닥 뛰어오를 것 같은,
아니 망망한 그 속을 들추면
살아 있는 영혼들이 일제히 허연 배때기를 뒤집고
찬란하게 솟아오를 것 같은
너울너울 수평선
출렁출렁 수평선
어머니 배 속에서부터 둥둥 떠다니던 나를
꽃상여 타고 떠날 때까지 둥둥 떠다니라고
오늘도 나뭇잎처럼 떠 있게 하는 수평선
열댓 살 먹은 소녀들이
훅 불면 꺼질 듯한 촛불을 들고 만든 것이어서
엿처럼 눈물처럼 한없이 녹아들다가도
팽팽히 살아서 다시금 나아가게 하는
이,

해학

밀림의 왕 사자가 식사를 하시는데 얼룩점박이하이에나 떼가 그 곁에서 얼쩡거린다. 사자가 날카로운 이빨을 내보이며 으르렁거려도 하이에나는 주위를 뱅뱅 돌 뿐 도망가질 않는다. 달려들면 아이고 무시라, 몇 걸음 물러난 척하다 다시 돌아와 어느새 밥상머리에 척 발을 올린다. 사자가 하는 수 없이 살점 한 토막 입에 물고 자리를 비켜 준다. 하이에나는 비로소 회심의 미소를 지으며 살코기 속에 코를 박는다. 쩝 쩝 쩝 쩝, 곁에 빈 그릇이 쌓이기 시작한다. 물소의 살이 아무리 입에 살살살 녹는다 해도 그렇지 원. 집채만 한 물소가 한나절 만에 뼈만 남는다.

왕의 비애

 아프리카 세렝게티 초원에선 가끔씩 회오리바람이 인다 백수의 왕 사자에게 쫓긴 누 떼가 회오리바람이 되어 휘잉 휘이잉 어디론가 몰려다니는 것

 때론 화살이 슝슝 바람을 가르며 날아가 꽂히기도 한다 사나흘을 굶은 사자가 화살처럼 날아가 얼룩말의 목덜미를 순식간에 낚아채는 것

 세렝게티 초원 여기저기에선 학교 문이 열리기도 한다 누도 얼룩말도 놓친 어미 사자가 가젤 새끼를 앞발로 툭 쳐 넘어뜨린 뒤 입맛을 쩍쩍 다시면서도 제 새끼들의 사냥 연습을 위해 기다리고 있는 것

 사자의 맛있는 한 끼 식사가 있어 저녁노을도 벌겋게 물들어 간다 피범벅 된 어미 사자와 새끼 사자의 주둥이가 있어 하늘도 따라 핏빛으로 물들어 가는 것

 멀리서 암컷 사자를 눈독 들이던 수사자 한 마리 몰래몰래 다가와 그 새끼들을 죽일 때 그토록 완강하게 저항하던 암사자가 어느 순간 얼굴색을 싹 바꾼다 굴욕을 참고 새 주인

을 받아들이겠다는 것

노랑

 시작은 늘 노랑이다. 물오른 산수유나무 가지를 보라. 겨울잠 자는 세상을 깨우고 싶어 노랑 별 쏟아 낸다. 말하고 싶어 노랑이다. 천 개의 입을 가진 개나리가 봄이 왔다고 재잘재잘, 봄날 병아리 떼 마냥 종알종알, 유치원 아이들 마냥 조잘조잘. 노랑은 노랑으로 끝나니 노랑이다. 바람도 없는 공중에 보이지 않는 손이 있어 잠든 아이를 내려놓듯이 노랑 꽃들을 내려놓는다. 노랑을 받아 든 흙덩이는 그제야 발가락을 꼼지락거리며 초록으로 일어나기 시작한다. 노랑이 저를 죽여 초록 세상을 만든 것.

극락에 계시다

노인 두엇 차에 올라 기사 양반이 젊네그려, 얼굴 한번 환하네그려, 알랑방구 뀝니다

기사 양반 입 쫘악 찢어지더니 구부렁 시골길 잘도 미끄러집니다

할 말 다한 노인들 지그시 먼 산 바라봅니다 아무렇게나 금 그어 놓은 다랑논이 아이들의 뒷마당이 되어 스쳐 갑니다

어느새 그 눈길 깊어져 저 세상 너머에 가 닿습니다 이 저 세상이 다 극락입니다

내 꽃이 아니다

  아카시아 영혼들이 몸을 쳐서 하늘로 솟구치는 순간 아카시아 꽃잎들이 일제히 목을 떨군다 산길 우엔 죽음의 옷자락만이 펄럭인다 영혼이 빠져나간 육체는 어찌하여 늘 먼지처럼 가벼운 것일까 살랑바람에도 팔랑,

  몸 굴리고 뒤집는다 떨어진 꽃잎은 저마다의 손금을 가지고 있고 짧은 생명선의 운명을 지니고 있다

  꽃잎 속으로 슬그머니 혀를 밀어 넣는다 독기 어린 내 혓바닥으로도 마지막 문을 열진 못 한다 꽃에도 뼈가 있는 법, 한 번 굳은 뼈는 좀체로 움직이지 않는다

  햇살알갱이들이 온 사지 감겨 올 때 스르르 가랑일 벌리는 황홀경의 꽃잎을 본 적이 있다

폐허의 눈

난 세상의 상처,
가시집을 짓고 산다
여긴 풀꽃 하나 피어날 틈이 없다
어제도 노랑나비가 무심코 날아와선
화들짝 놀라 달아났다
바람이 먼 길을 돌아
슬그머니 사라질 때
먼 길을 비로소 돌아본다
한동안 난 잠시도 머뭇거리지 않는
밀물이었다 벅찬 요동이었다
하지만 난 한순간의 썰물이어서
썰물인지조차 몰랐다
누가 있어 세상을 바꿔 가는 것일까
처음 본 황혼이 또 우루루 우루루 무너져 내린다
난 지금 눈물을 가만히 뉘어 놓고
세상의 한 끝을 응시하고 있다

그림자를 본다

무엇을 바라고 서 있나, 갈채를 바라기엔 너무 먼 길을 걸어왔다 이제 넌 그저 고요히 너를 밀고 가야 한다

때로 나는 네 속으로 걸어 들어가 우두커니 서 있기도 한다 그때면 너도 길을 잊었는지 쭈그려 앉아 고개를 묻곤 한다

죄를 씻지 못한 뒷모습은 검고 무덤처럼 둥글 수밖에
너 역시 이십 년 풍화를 견디지 못하고 둥글둥글 닳아졌구나
오래전 죽은 길도 다시 살아날 수밖에

이 생이 지면 너도 어디론가 달아나 버릴 것이다 아니 벌써 나에게 담겼던 몸을 빼고 있는 중인지도

그 노을을 본다

저녁노을이 붉게 푸르게 떨어지는 걸 본 적이 있습니다
머리털 한 가닥까지 다 풀어 놓고
만 길 벼랑으로 내달았습니다
세상은 무겁고 깊고 단단하기만 한데
저녁 하늘에 첨벙첨벙 발을 담그는 것이었습니다
그것은 집 나간 어머니의 버선발이 문지방을 넘어가듯이
그렇게 잠깐, 그렇게 길게 내 뇌리에
꽝, 박히는 것이었습니다
제 몸을 스스로 지운다는 거
자신을 스스로 거두어 간다는 거
난 말없이 하늘가에 걸터앉아 바라보았습니다
오늘 그 노을을 다시 보았습니다
직장에서 쫓겨나
초라한 제 얼굴 감추고자 서둘러 돌아서는
마흔둘 사내의 등허리에서
저를 태우는 노을 한 자락을 보았습니다
녹슨 발을 어둠 속에 억지로 밀어 넣는 것이었습니다
그 발을 건드리면 붉은 눈물이 뚝뚝 떨어질 것만 같은데
땅거미를 끌고 자꾸 바다로만 걸어가는 것이었습니다

저 바람

울 엄니 어쩌다가 나를 밀어 올려놓고 어둠 속에서 캄캄하게 울었단다. 누가 있어 그 소리 들었을 터인가.

나 아비도 없이 어스름 속에서 울컥, 울음을 걸어차곤 했다. 모두가 집으로 돌아가는 길이었다.

엄니는 밤마다 빈자리를 깔았다. 누가 묻기라도 했는지 가끔 혼자서 대답도 하는 것이었다.

소문은 소문을 낳는다. 한 소문은 가끔 수많은 소문을 불러오기도 한다. 울 아비 죽기도 하고 살기도 하고.

소문은 쉬이 죽지 않는다. 소문은 저 홀로 깨어 이 세상으로 건너오기도 한다. 나 아비의 영정 사진을 물끄러미 본다.

상처가 깊을수록 풀뿌리를 길게 드리운다고 했던가. 울 엄니 터져 나오는 신음을 애써 삼키며 한마디 내뱉는다. 염병할 놈!

어제의 강물 소리가 눈가를 흔들고 간다. 나 이제 저 인간을 보내기로 한다. 바람도 먼저 알고 인기척을 내신다.

한강대교 1

 네 사지(四肢)가 꽃대궁이라고 생각해 보니 내 무거운 몸이 갑자기 흔들린다. 저 안 깊숙이에서 물 기운을 품어 올리는 꽃대궁이기에 내 무거운 몸을 통통 튕겨 준다. 나 지금 물수제비처럼 날아서 간다. 네 꽃잎 위에서 내려다보는 물살은 잠시도 머뭇거리지 않고 몸을 뒤채인다. 멀미난다. 출렁출렁, 이렇게 술잔처럼 출렁이다 보면 한 生이 증발할 것 같다. 요람에서 상여까지 이렇게 출렁거리다 보면 이 고단한 여행도 끝날 것만 같다.

한강대교 2

 사람들은 네 사지(四肢) 위에서 잠시 잠깐 흔들릴 때 바람 탓이라 여긴다. 제법 공부 좀 했다는 사람들은 교량의 공법 탓이라 말하기도 한다. 사람들은 모른다. 세상을 짊어지기 위해 불끈 힘을 주고 있는 네 종아리의 서글픔을. 세상에서 가장 강한 이름 아버지 어머니가 흔들리고 울면서 살아온 존재이듯이 너 역시 휘청, 아무도 모르게 무릎을 꺾기도 한다는 사실을. 흐르는 강물을 보고 잠시 어질머리를 느끼기도 하고, 지친 제 얼굴을 비춰 보다가 눈을 질끈 감아 버리기도 한다는 사실을.

말

운명처럼 만나고 헤어진 말들이 있었다
어떤 말 앞에서 난 막무가내로 흔들렸다
그것은 전생에 잊어버린 말이었다
어느 말 앞에서 오래오래 서성거리기도 했다
거기엔 잃어버린 마음이 새겨져 있었다
어느 말 앞에선 그만 주저앉기도 했다
거기엔 내일이면 흩어질 내 쓸쓸한 영혼이 어른거리고 있었다
그뿐인가, 어느 낯선 말 앞에선 입술을 깨물며 다시 일어서기도 했다
그것은 내가 저세상까지 지고 가야 할 말이었다
요즘 난 억지 말을 퍼 나르다가 버리곤 한다
오늘은 무지렁이, 를 써 놓고 버렸다
못묘, 를 쓴 뒤 몇 줄을 더 긋다 버리기도 했다
책상머리에 앉아 땅강아지처럼 흙에 붙어사는 말만 찾으니
그것은 죽은 말
어울리지 않아서 이내 튕겨져 나갈 말이었다
나 죽어서도 지게사전 지고 가야 한다
아직은 못다 한 말 너무도 많다

핏빛 지문 더 찍어야 한다

어미 쥐의 말씀

저 죄 많은 두 발 짐승은 시인이란다. 끼끼, 시를 쓴답시고 지금 동강을 간단다. 절집을 찾는단다.

저들이 느릿느릿 게걸음질 치는 건 꽃길에 취해서가 아니란다. 천천히 아주 천천히 움직이는 건 속죄의 옷자락이 무거워서란다.

저들에겐 고통을 키우는 유전자가 있단다. 너희는 아득한 구멍 속에서 캄캄한 희열을 느끼지만 저들은 환한 길을 가면서도 터널 같은 외로움을

느낀단다. 이 어미의 눈엔 저들의 내장까지도 보인단다. 저들이 가고 있는 길, 밑도 끝도 없이 꿈을 꾸며 가야 할 길, 가서는 다시 돌아올 그 길이 다 보인단다.

전생에 무슨 죄를 지었길래 두 발 짐승으로 태어났을꼬. 몇 생이나 닦아야 우리 같은 존재가 될꼬.

장화 여행

시렁 위에 모셔 둔 노란 장화를 보노라면 겨드랑이엔 어느새 지느러미가 돋아나 상상 속을 날아다녔다. 노란 장화만 신으면 그 어디에든 가 닿을 수 있을 것 같았다. 달나라가 별거냐, 방게방게 떠가면 달나라였다. 난 그때 바람 한 점 새겨진 돌멩이 하나를 슬그머니 놓고 오기도 했다. 그러던 어느 날 비가 내렸다. 난 사방팔방 뛰어다녔다. 물웅덩이를 만나 첨벙첨벙 뛰기도 했다. 황금빛 지느러미가 파닥일 때마다 흙탕물이 튀었다. 서울깍쟁이 아가씨가 지나다 에구머니나, 하고 물러섰다. 그러거나 말거나 난 오래오래 세상의 등짝을 두들기고 있었다.

이런 죽음

우리는 달빛과 달맞이꽃이 하는 은밀한 짓을 따라서 해 보았습니다. 난 꼴린 달이 소나기빛을 쏟아 내듯이 그녀 안으로 들어갔습니다. 자궁을 연 달맞이꽃이 쏟아지는 달빛을 마구 빨아들이듯이 그녀는 나를 삼켰습니다. 황홀이 교성을 먹어 치우고 있었습니다. 혼미가 꼬리에 꼬리를 물고 혼미를 끌어당기는 밤이었습니다. 길이 가물가물 사라져 가고 있었습니다. 그 길이 나를 앞질러 저세상으로 막 걸음을 옮기고 있었습니다. 엄마의 젖무덤을 허우적거리다 잠이 든 아이처럼 고개를 파묻었습니다. 내 영원을 삼킨 그녀는 세상에서 가장 깊고 아늑한 굴을 가지고 있었습니다.

임종

 당신, 사막처럼 살아왔다. 오아시스를 찾아 떠나간 새끼들은 돌아오지 않건만 당신, 사방팔방으로 다리 뻗고 누워 있다. 마지막까지 당신은 언덕 너머에 꽂힌 시선을 거두지 않는다. 이제 눈을 감으세요, 오늘도 당신의 어깨 너머로 모래바람이 분다. 모래바람은 무엇을 떠메고 가겠다고 밤새 불어대는 것일까. 잠시 하늘 끝을 치어다보는 당신의 눈빛이 처연하다, 깊다. 오늘밤 당신은 그렇게 지워져 간다. 아니 지워져 간다는 건 너무도 슬픈 일, 그냥 지나간다, 건너간다고 하자. 잘 가라, 당신.

오래된 바위

나가 바위여. 딱 한 번은 굴러야 할 천 길 벼랑 위 바위랑께.

뒤집어서 속을 볼 생각은 아예 하덜 말아라잉. 내 황홀한 눈물의 세계는 죽어도 보여 주고 싶지 않으니께.

발바닥 지문을 따라 질게질게 집을 지어 놓고 분주하게 움직이는 개미들이야 내 살을 파묵고 사는 피붙이들이제.

따땃한 아궁이라도 깔고 앉았는지 어쨌는지 지렁이란 놈은 움직이지도 않어야.

내 안에서 귀뚤귀뚤 우는 소리 들리거든 지도 한번 울어 보고 싶었겠제, 허고 생각해 주소.

핏기 한 점 읎이 내 발목아지나 붙들고 있는 허어연 실뿌리는 두 눈 멀건히 뜨고는 차마 볼 수가 없시야.

그라도 지금껏 버틴 건 습기 속에 감추어진 그놈들의 뜨거운 숨결이 내 온몸으로 밀고 올라오니께 그란 것이제.

>

　나가 바위여. 딱 한 번만 굴러 볼 요량으로 이 악물고 견디는 바위랑께.

오아시스

오아시스는 어디에 있는가. 난 지금 길 없는 길을 걷고 있다. 모래밭에 반쯤 처박힌 낙타 뼈가 이곳이 길이었음을 말해 준다. 잠시라도 고단한 몸을 눕히면 모래바람이 와서 금세 덮어 줄 것 같다. 모래 알갱이들이 천천히 굴러간다. 돌아보니 스르륵 오던 길도 시워진다. 지워지는 건 사라지는 게 아니라 지나간 세월을 잠시 묻어 두자는 것. 앞으로 나아가기 위해 아주 잠시만 잊어 보자는 것. 길은 사막의 밤하늘에도 있더라. 난 지금 사막의 밤별들을 더듬거리며 한 걸음 한 걸음 내딛고 있다. 하지만 내 무거운 육신은 자꾸만 모래 구덩이에 빠져든다. 오아시스는 어디에 있는가.

경계가 없다

낙원이 따로 있나. 황사 날리는 들판이 따뜻한 낙원이다. 들꽃이 따로 있나. 나 어린 쿠르테*가 들꽃이 되어 돌아온다. 바람에 서걱이는 갈대처럼 휘파람 불며 돌아온다. 산 자와 죽은 자가 따로 있나. 널리고 널린 뼛조각 하나 태연하게 들고서는 등이 가려웠는지 제 마른 등짝을 긁어 달라고 한다. 쿠르테의 부친은 내 손을 잡아끌더니 피리 하나를 보여 준다. 18세 소녀의 허벅지 뼈로 만든 피리란다. 나보고 한번 불어 볼 거냐고 손시늉을 하더니 이내 곧 먼 데를 바라보며 구슬픈 가락 한 대목을 능숙하게 뽑아 준다. 먹구름이 밀려와도 천하태평이다. 오늘도 쿠르테의 모친은 저만치서 펑퍼짐한 엉덩이를 천연덕스럽게 까고 거름을 주고 계신다. 길이 따로 있나. 바로 지금 그 어머니와 풀 한 포기 사이에 물길이 트이고 있거늘.

●몽골에서 목동으로 살아가는 열 살짜리 아이 이름.

거기

내 눈
깊어진
거기
물웅덩이에
누가
늘
비치는 것이냐

내 눈
깊어져
텅 빈 터널이 되는
거기
어느 바람이
또
훑고 가는 것이냐

외로워서
샘솟는 거기
어쩌자고
다시

또 꽃피는 거기

민족식당

접대원 동무들이 나와 노래와 춤 솜씨를 뽐내고 있었다. 이웃집 할머니 같은 지배인 동지가 멀리서 흐뭇하게 웃고 있었다. 나의 눈은 금세 고동치고, 나부끼고, 글썽였다. 요리사 동무나 주방장 동지의 딸이었을 터이다. 열 살 남짓 된 단발머리 계집애가 구석에 앉아 턱을 괸 손가락을 저도 모르게 잘근잘근 깨물면서, 제 손바닥의 지문이 갑자기 달라지기라도 한 것인 양 한참을 바라보기도 하면서 무대 위 언니들을 슬금슬금 훔쳐보는 것이었다. 내일의 저와 맞닿을 작은 다리 하나 조심스레 놓고 있는 것이었다.

초록

어머니는 나에게 야생 초록을 안겨 주었다. 눈뜨면 내 앞을 떠억 가로막는 건 푸른 산이었다. 밤새 식식거리다 이른 아침까지 김나는 초록의 산. 밤에도 푸른 별, 푸른 달빛이 쏟아졌다. 난 동무들과 함께 푸른 이야기를 나누다 잠이 들었다. 세상에, 초록이 이렇게 지겨울 수 있다니! 초록 잎새가 언제까지나 초록일 순 없어 마지막으로 한번 발갛게 타올라 보듯이 애늙은이가 된 나는 어서 빨리 붉어져야 했으므로 초록을 버렸다. 그러나, 초록이 없는 세상은 불바다뿐이었다.

죽어서도 다시 찾은 건 초록이었다. 눕고 싶은, 뒹굴고 싶은, 나도 따라 물들고 싶은 징글징글한 초록. 여기서 난 또 한 生을 시작해야 한다.

너희들이 세상이다
—북녘 땅 용천 아이들에게 부쳐

죽지 마라, 이 꽃 보고 죽어라

자운영이 폈다 영산홍이 피었다
따사로운 담장 아래 냉이꽃도 피어난다

푸른 잎잎도 펄펄 파도를 타는 이때에
너희는 눈을 잃고
천 길 어둠 속 매만지고 있구나

철늦은 벚꽃 그 하얀 입술이 막 벌어지는 이때에
너희는 죽어서 가만히 눈떠 보고 있구나
타다 만 건물 모퉁이에 남겨 둔 운동화 한 짝
말없이 지켜보고 있구나

미안하다, 너희들의 노는 소리 툭 끊기는 날에 우리는
꽃멀미 일으키고 있었다 철쭉꽃이 불붙어 타오른다고
우리도 덩달아 소리 지르며 깔깔대고 있었다

너희들이 있어 세상이다
함부로 부르고 싶은 너희들이 있어 비로소 세상이다

\>
죽지 마라, 이 꽃 보고 보고
나보다 훨씬 뒤에 죽어라

소나기

1
투두둑 투둑, 다 뛴다
엄닌 흐옇게 변한 낯으로 손 내저으신다
얘, 얘야, 빨래 걷어라

숙희라는 년,
먹구름이 밀려와도 천하태평이었지
태연히 엉덩이 까고 앉아 새로운 길 잘도 만들었지
오줌발 한번 기똥찼지

함석지붕을 때리는 빗소리 총소리 폭포소리
우리 삼 형제 마루 끝에 나란히 서서
풋고추 내놓고 갈겼지
내가 일등났지

소나기 지나간 뒤 볕살도 반짝일 때
개울로 달려가 쪽대 걷어 올리면
은빛 배때기를 까뒤집는 그 찬란한 피라미떼들

\>
2
밤새 쓴 편지 한 장 전해 주려다 보았지
그녀가 내걸은 일곱 색깔 무지개

우리 둘 우산 속에서 자꾸 살갗이 닿아 콩닥콩닥,
이 저 어깨 다 젖는 줄도 모르고서 두근두근,

그녀는 비닐우산 버리고 첨벙첨벙 내달렸어
아랫도리까지 젖은 나도 냇가에 풍덩 빠질 수밖에
둘이서 히히 웃을 수밖에

3
흰구름으로
둥싯
떠올라도 될 것을
스무 살 내 청춘
먹구름으로 몰려다녔어
소나기
한 줄금 되어
어딘가로 스며들고 싶었지

\>
옥문
열고
나왔더니
빗방울이 떨어졌어
아내는 그제사
부음 한 통 전해 주었지
소나기 탓인가
무릎
꺾이더군

어머니

실로 오랜 만에 머리 가르마 탄 엄니 좀 봐요
허이옇게 센 머리털 한 가닥까지
두근반 세근반 정성껏 빗어 넘겨요
찹쌀밥 한 그릇 상 위에 올려 두고
수저 하나 꽂다가도 중얼중얼
두어 걸음 물러서다가도 중얼중얼
식전 일찍 첫 걸음 떼면서도 숫제
손자 녀석 고사장에 들어서다가도 숫제
하늘로 땅으로 넙죽넙죽 두 손 모은 사람, 엄니 좀 봐요

별똥별의 비밀

 별이 있었다 누가 어쩌다 동아줄을 타고 올라가 길을 잃었는지도 몰랐다
 (내 곁엔 늘 그 계집애의 초롱초롱한 눈망울이 있었다)
 한사코 땅을 내려다보았다 두고 온 그 무엇이 발목을 잡고 있는지도 몰랐다
 (온종일 맴돌며 저 혼자서 설레는 아이였다)
 겹겹 어둠 속 밝히며 긴 겨울을 녹이고 있었다
 (어둑발이 내려도 나만을 더듬고 있었다)
 고달픈 등불 그만 끄고 겨우내 돌아본 그 쑥굴형 속으로 스며들고 싶었다
 (내 살내음에 취해 오래오래 자고 싶었던 것일까)
 다시 천 길 허공에 필생을 던졌다 별똥별이었다
 (사실은 그 애의 눈물이었다)
 사람들 마구 달려갔다
 (난 그저 긴 꼬리를 보았을 뿐이었다)
 서로 먼저 주워 제 가슴에 품고자 했다
 (여섯 살짜리 계집애 둘이서 서로 각시가 되겠다고 난리를 치던 날이었다)
 허나 별똥별을 삼킨 건 거대한 자궁이었다 그 비밀의 입은 가만가만 오물거렸다

(저녁 끼때도 모름 어떡해? 엄니는 내 귀를 낚아채 질질 끌고 갔다)
　출렁출렁, 저 세상의 길들이 다시금 거기서 시작되었다
　(세상에 이런 허망함 없었다 그 애는 얼른 어른이 되고 싶었다)

책

책들은 계속 내동댕이쳐지고 있더구나,
한때는 핏방울처럼 뜨거웠던 자식들
한때는 칼날처럼 날카로웠던 자식들
고물상은 자질구레한 이삿짐을 올리듯이
표정도 없이 트럭 위로 내던지고 있더구나.
잊혀진 늙은 혁명가며
이른 나이에 요절한 작가며
어제의 나를 동여맨 눈 붉은 전사들이
장작더미 쌓이듯이 쌓여만 가고 있더구나.
이제 누가 있어 나를 긴장시킬 것인가.
그 시퍼런 눈들 사이로 잠시 돌아가
나를 후려치고 올 수도 없는 일.
바닥에 흘린 책 한 권을 들어 올리자니 울컥,
참고 참았던 눈물이 쏟아지더구나.
굴속에 숨어든 빛,
난 그 밧줄을 잡고 예까지 왔으니.
'새 책도 많네요',
숫눈 같은 책들이 쓸려 가는 것을 보면서 또 마음에 걸리더구나,
내가 찍은 고단한 발자국도 행여 그럴 것만 같아서.

꿈속의 장난

첫사랑을 다시 만나다니! 내 안에서 뿌리로나 펼쳐 있어야 할 너를, 내 영혼의 강물에나 떠 있어야 할 너를 다시 만나다니!

단발머리 새침한 그녀는 어디로 가고 마른 잎사귀처럼 가벼운 사람 하나 굳은살을 애써 감추며 이제 와서 알랑거리는 것인가.

예전엔 먹장구름 밀려와도 둥둥 따라가고 싶었는데, 아니 둘이서 한 몸이 되어 소나기처럼 퍼붓고 싶었는데 비가 내린 오늘은 으실으실 춥기만 하다.

이제 알겠다. 세상에서 가장 무서운 게 세월이라는 거. 기억의 창고야말로 찬란한 구속이라는 거.

나를 던지는 동안

1
그대 앞에서 눈발로 흩날린다는 게
얼마나 벅찬 일인지요
혼자서 가만히 불러 본다는 게,
몰래몰래 훔쳐본다는 게
얼마나 또 달뜬 일인지요
그대만이 나를 축제로 이끌 수 있습니다

2
그대가 있어 내 운명의 자리가 바뀌었습니다
그댈 보았기에 거센 바람을
거슬러 가려 했습니다
발가락이 떨어져 나가는 아픔도 참고
내 가진 모든 거 버리고 뜨겁게
뜨겁게 흩날리려 했습니다
그대의 옷깃에 머물 수 있다면
흔적도 없이 스러져 가도 좋았습니다

3
그러나 나에겐 발이 없습니다

그대에게 어찌 발을 떼겠습니까
혹여 그대가 흔들린다면,
마음 졸인다면,
그대마저 아프게 된다면 그건
하늘이 무너지는 일입니다
나에겐 발이 없습니다
나를 짓밟는 발이 있을 뿐

4
그대의 발밑에서 그저 사그라지는 순간에도 난
젖은 눈을 돌리렵니다 혹 반짝이는
눈물이 그대의 가슴을 가르며 가 박힐지 모르니까요
그 눈물 알갱이가 그대를 또
오래오래 서성이게 할지 모르니까요
먼 훗날 그대 앞에는 공기 방울보다 가벼운
눈발이 흩날릴 것입니다
모르지요, 그땐 그대가 순명의 자세로 서서
나를 만지게 될는지

구라실 당숙모

또 그 이야기,
나가 죽어야 쓴디
나가 죽어야 쓴디
지 남편 잡아묵은 년
두 아들 잡아묵은 년
하나 남은 손자까정 잡아묵은 년
거기다 오늘은 모지락스럽게 한마디 더
저세상 갈 때
훌훌 떠날 때
이 세상 이야긴 단 하나도 안 가져갈 거시여

스핑크스 통과하기

슬로우 슬로우 퀵퀵, 봄이 오는 스텝이 달라졌다죠?

내년 봄에 필 꽃 미리 보고 삼류 영화처럼 미련도 없이 떠나왔다죠?

아직도 석유 때문에 전쟁을 하나요? 물 때문에 물불 안 가리고 불장난을 치는 건 아니고요?

남극과 북극 사이의 거리는 얼마나 되죠? 그 긴 흉터는 언제나 지워질까요?

에이, 꽃 같은 새끼! 꽃과 좆 사이의 거리도 모르는 새끼! 넌 여기서도 도끼야. 네 자식 놈에겐 도끼 자루를 쥐어 줄지 모르지만.

산화

바람 불어 좋은 날
이 세상 하직하기 딱 좋은 날
흰 철쭉 붉은 철쭉 서로 먼저 떨어져
나란히 나란히 누워 있다

이렇게 가벼운 떼죽음이 있다니
이렇게 환한 떼죽음이 있다니

꽃상여 나가듯 둥둥 떠내려온 놈
공중제비 하듯 뱅그르르 굴러 내린 놈
누구 하나 거꾸로 처박히는 법이 없이
똥고부터 땅에 대고 사뿐히,
미끄러지듯 발을 대고 사뿐히,

저 곁에 가 조용히 눕고 싶다
누가 와서 흔들어도 잠시만 쉿, 하고
저세상으로 말없이 건너가고 싶다

앉은뱅이술

달아서 한잔
입에 쩍쩍 달라붙어서 한잔
벗이 좋아 한잔
권커니 잣커니 한잔
이슬 같은 술이라고 한잔
눈물 같은 술이라고 한잔
마약 같은 술이어서 약봉지 털어 넣듯 한잔
나중엔 물인지 술인지 몰라서 한잔
다 늙은 주모가 새파란 처녀 같아서 한잔
누가 있어 또 잔을 청할 것이냐 싶어 한잔
누가 있어 또 속이야기 들어줄까 싶어 한잔
몰랐네
앉은뱅이술 마시고 일어날 수 없어서
다시금 한 모금 물고 생각하느니
울 아비에게 앉은뱅이술은 도박이었다는 생각
도박이야말로 크나큰 술독이었다는 생각
오른손을 작두로 날리고도 모자라
왼손으로 화투 패 쥔 걸 보면
그 술독에 빠지고 싶어 빠진 게 아니라는 생각

삼가

 바람이 부니 구천을 떠돌던 내 영혼도 잠시 따라가 보자고 한다.
 독산동 출신은 울지 않는다. 빵 하나 훔쳐 먹다가 주인에게 걸린 난 옆구리를 연신 걷어차이면서도 울지 않는다. 급식 대신 수돗물을 벌컥벌컥 마시고, 집으로 돌아와 퉁퉁 불은 라면을 다시 먹으면서도 결코 울지 않는다. 열다섯 상고머리 시절, 스치면 베이는 칼날이 되어 거리를 누비고 열혈 청년 시절, 외로워서 슬퍼서 시를 쓴다. 서른이 넘어서는 수배 중인 날 대신하여 딸년이 운다. 수화기를 붙잡고 한참을 흐느끼며 제발 집에 오지 말고 멀리멀리 달아나서 살라고 애원한다. 징역을 살고 난 또 세상의 흉터가 된다. 상처 있는 자, 흉터 있는 자는 모두 가시집을 짓고 산다던가. 난 가시집 안에서 남은 生을 말없이 견딘다. 나 죽어 사람들은 재단에 신발 두 개를 올려놓는다. 잘 가시오, 잘 갈 수 없는 사람이기에 신발 두 개를 가지런히 올려놓은 것. 그러니 사람들아,
 내 영혼이 당신을 통해 운다고 하더라도 잠시만 견디어다오. 죽어서라도 맘껏 울다 갈 수 있도록 그땐 당신이 좀 식물처럼 견디어다오.

무서운 당신 1

　세상에 가장 무서운 말. 우는 아이 울음도 그치게 한다는 마사이라는 말. 아니나 다를까, 마사이족 사내는 사자가 나타나서 소와 가족을 공격할 때엔 거침없이 달려든다고 한다. 하지만 마사이 사내인들 당신보다 더 무서웠으랴. 지퍼 같은 기억 창고를 열면 자식을 위해서 불구덩이에 뛰어든 당신의 모습이 줄지어 기어 나온다. 물 불은 냇가에 내가 휩쓸려 갈 때 아무런 망설임도 없이 뛰어들던, 오늘도 어둠을 한 걸음 한 걸음 베어 먹으며 새벽 기도 올리러 간, 그러나 자신을 위해선 단 한번의 기도도 올리지 않던, 결국은 몸 안에 있는 영양분 내게 다 **빼앗기고** 숭숭 구멍 난 **뼈**로 묻힐 것 같은, 당신의 긴 생애 속에 당신은 없는, 절대 없는, 그런

무서운 당신 2

 세상에 가장 무서운 일. 우는 아이 울음도 그치게 한다는 곶감이라는 말. 에비라는 말. 하지만 에비와 곶감인들 당신보다 더 무서우랴. 사랑은 가슴에 있고 결혼은 머리에 있다던가. 당신은 가랑잎 같은 고시생 애인을 흐르는 강물에 띄워 보내고 돈 많은 나와 다시 물길을 터 새로운 인생 시작했다. 언젠가부턴 헬리콥터 조종사가 되어 부유초 같은 아이의 머리 위를 뱅뱅 돌았다. 아이의 일과는 눈 감고도 외울 지경이고, 아이의 꿈까지 대신 꿔 주었다. 수단과 방법 안 가리고 일류대를 보내려 했고, 기대에 못 미쳐서 더 큰 돌멩이가 되어 내리눌렀다. 그렇게 아이에게 당신은 가장 큰 하늘이었다. 그뿐인가. 눈먼 땅 사 달라고 기도하고, 산꼭대기같이 오른 땅임자 만나게 해 달라고 다시 또 기도한 당신. 그러다 사업 망한 나를 손쉽게도 버리고, 자식 놈까지 버리고 숨겨둔 애인과 함께 날개도 없이 날아가 버린 당신. 장하다.

사진

내 기억의 창고엔 핏줄처럼 뜨거운 것들로 가득하다

젊은 아비는 떡가루처럼 눈이 내려 짝다리 짚고 팡, 눈밭에 쓰러져 뒹굴면서 팡, 눈쌓인 나뭇가지 찢어지게 이뻐서 그 가랑일 찢으며 팡, 생피 닦아 내며 환호성을 내지르고 팡, 결혼은 속박이어서 바람처럼 휭 떠나가며 팡,

젊은 어미는 어미대로 연애는 연애일 뿐이어서 팡, 애비가 없으면 어떠냐고 팡, 사생아인 나를 낳고 혼자서 잘도 키우며 팡, 문신처럼 가슴에 새겨진 이름 어찌 없을까마는 애써 지우며 웃으며 팡,

나는 나대로 아홉 살이 열 살이 되어 팡, 열아홉이 스물이 되어 팡, 그 뜨거운 핏줄 어디로 가겠느냐고 늑대의 혓바닥이 되어 팡, 그 차가운 핏줄 어디로 가겠느냐고 시라소니의 이빨이 되어 팡,

떴다방 수업

 번개를 치면 사람들은 꽃그늘로 모여들지. 그 큰 방뎅이 살랑살랑 흔들고 나타나지. 꽃모자에, 꽃가방에, 제가 마치 꽃인 양 한들한들 눈웃음치며 걸어오지. 제비처럼 날렵한 구두 삐까번쩍 신고 달려오기도 하지. 와서는, 냉잇국에 식은 밥 한 덩이 말아 훌훌 넘겼으면 좋겠다는 생각도 하지. 꽃잎 몇 장씩 책갈피에 꽂다가 나도 죽은 뒤 산천을 이리도 환하게 할 수 있었으면 좋겠네, 내 꽃다운 순간도 누군가의 가슴에 꽂혀 오래오래 남았으면 좋겠네, 어쩌고저쩌고 시 한 구절씩 내뱉기도 하지. 꽃구경도 맘껏 하고, 꽃내음도 실컷 맡고, 꽃그늘에 누워 잠 한숨 청하기도 하지. 그러다가 인사도 없이, 뒤도 한번 돌아보지 않고 집으로 핑핑 달려들 가지.

늦봄

두어 달 춘풍에 흔들리다 보면
여체인 듯 부드러운 땅살도
봄 자궁을 연다
그때부터 꽃잎들 나풀나풀 떨어진다
피어서 떨어지고
피다가도 떨어진다
황홀한 죽음이 따로 없다
복상사가 따로 없다
그 아늑한 굴형 속으로 서로 먼저 빠져든다
나도 따라 룰루랄라,
저렇게 한번 죽어 보고 싶은 봄이다

아내의 널뛰기

어쩌자고 담 밖을 보고자 했을까, 아내는
구르고 솟구치기를 반복하며 필사의 널뛰기를 한다
아들놈 과외비가 오를수록 퇴근 시간이 늘어지고 나도 따라
집 밖을 뱅뱅 돈다 노래방 도우미로 나선 아내가
2차를 뛰고 돌아와 잠든 아이를 흐뭇한 눈으로 바라보다
쓰러질 때까지
   어둠 속에서 나는 또 이유 없이 기다려야 한다
   멈출 수가 없다
   멈추는 순간 무너진다
   아내는 꿈속에서도 널뛰기를 하는지 거친 숨을 몰아쉰다

미루나무와 구름

 못 볼 꼴 보았네그려. 아 글씨 저 잡것들이 백주대낮에 살을 섞더랑께.
 저년이 먼저 사내놈을 향해 수만 개의 꼬리를 살랑살랑 흔들어 댔지. 솜사탕같이 떠가는 사내놈이 은근하게만 느껴졌거든. 사내놈도 처음엔 그저 한 발을 걸쳐 볼 뿐이었어. 그러다 자기도 모르게 가슴을 파고들었고, 오늘은 급기야 제 불방망이를 꺼내 들고 저년의 궁둥이를 휘감아 버린 것이제. 그란디 저년이 꼴에 숫처녀나 되는가벼. 눈을 질끈 감고서 온몸을 내맡긴 채 부들부들 떨더랑께. 아니 바람 탓인가. 허리를 뒤틀어 대던 저년이 끝내는 아, 하고 소리를 지르고 말대그려.
 강가에 말뚝처럼 박힌 저년이 뒷물하는 동안 사내놈은 글씨 뒤도 안 돌아보고 휑하니 떠나 버리대. 재미난 세상이야.

쌍둥이

우리가 붕어빵처럼 똑같다고요? 우리들은 어미의 자궁에서부터 이미 땅콩 껍질 속의 땅콩들처럼 갈라져 어미의 영양분을 서로 먼저 받아먹겠다고 입술을 달싹였을 뿐이랍니다. 태어나서는 그저 어미젖을 차지하기 위해 울고불고 떼를 썼을 뿐이랍니다. 우리가 탁본한 듯 똑같다고요? 우리는 저마다의 섬처럼 둥둥 떠다닐 뿐이랍니다. 저 혼자 깊어지면서 눈시울을 적실 뿐이랍니다. 서로를 바라보며 서로의 차이를 읽어 낼 뿐이랍니다.

당신을 앓다

찬 서리 내려앉는 꼭두새벽
당신이 오시었다
나는 화주 먹은 얼굴빛으로
당신을 맞이했다
당신은 오자마자
인두 같은 발로 짓밟고
온몸을 뱅뱅 돌며
지져 대는 것이었다
난 그저 말도 없이
온몸을 내맡기며 부들
부들 떨고 있을 뿐이었다
희열의 끝은 어디런가
당신은 소나기처럼 퍼부어서,
난 흠씬 두들겨 맞은
대지처럼 몽롱해서
하늘 끝으로 날아올랐다
우리 둘 그렇게
불구덩이 속에서 한판
잘도 논 것이었다.

외로울 때는

아름다운 것은 언제나 가슴에 있다.
외로우면 외로울수록 가슴에 박아 둔 기억을 꺼내
불씨를 지펴 보자. 다섯 살배기 난
원투, 원투, 원투, 젊은 아비의 손바닥에
원투 스트레이트를 날리고,
젊은 아비는 아비대로 손바닥을 호호 호호 불며
엄살을 떤다. 그 곁에서 젊은 엄니는
밥이나 멕이고 또 놀아유, 므훗므훗 웃는다.
살아 있는 것은 언제나 가슴에 있다.
오늘도 그곳에선 어둑발 내리고
젊은 엄니가 날 부르는 소리 담을 타고 넘는다.

이런 여자

세상에 이런 여자 있었네
사주쟁이도 사주가 세서 먼 산을 바라보다가
중같이 혼자 살아야 할 팔자라며 한숨을 내쉬었어
사주를 보다 말고 바르르르, 복채도 돌려주었지
사주가 사납다고 제 딸 처녀귀신 만들 어미가 있다던가
사주쟁이보다 짱짱한 중매쟁이 내세워 몰래몰래 시집보
냈지
그런데 어쩌면 좋아, 남편은 막노동판 떠돌다 죽어 버렸어
아들 두 놈은 병에 걸려 시름시름 앓다 죽고
하나 남은 딸년은 물난리에 떠내려가 죽고 말았지
그 여자, 하도 기가 막혀 말까지 잊어버렸어
돌아보니 다 죽어서 죽을 때까지 눈물 달고 살았지
팔자대로 살다가 팔자대로 죽은 거야
유언 한 자락 남겼지 다음 생은
절 마당 구석에서 채송화로나 피고 싶다는 말
오체투지로 엎드려 죄나 닦으며 살고 싶다는 말
다시는 누구에게도 빚지고 싶지 않다는 말

조문

내 오늘 신파극 하나 들려주지. 정님이 고모가 열아홉 벚꽃으로 피어난 건 순전히 병든 하네 때문이었어. 시집이라도 보내야 두 눈을 감을 것인디, 하루에도 수십 번씩 어쩌고저쩌고 혼잣말 삼키니 그 마음 읽고는 눈물로 그렁그렁 피어난 것이지. 이게 운명이거니 하고 이웃마을 가난뱅이 사내 받아들인 거야.

사랑도 훨훨

세상도 훨훨

정님이 고모도 병든 하네도 떠나자 홀로 남은 할메만 마당으로 나와 훌떡훌떡 뛰었지. 아이고아이고 뛰었지.

너도 열아홉이지? 너도 정님이 고모처럼 살 수 있어?

이것

세상은 이것 때문에 싸운다
이것이 있으니 저것이 있고
저것이 있기에 이것도 있는 법인데
이것밖에 모르니 세상은 싸운다
내가 하면 로맨스 남이 하면 불륜인 건
저것을 모를 때의 이야기
내가 하면 투자 남이 하면 투기인 건
저것을 몰라서 하는 말
흰둥이가 있으니 검둥이가 있고
꼴등이 있으니 일등도 있다
하지만 세상은 늘 자기 때문에 싸운다
자기가 있으니 남이 있고
남이 있기에 자기도 있는 법인데
자기밖에 모르니 세상은 싸운다

하루

너와 나 사이 팽팽 고요 있다 건들면 쩡 금 간다

쉿! 너와 나 사이 굶주린 사자 새끼 한 마리 건너다닌다

누가 잠자는 하늘을 건드렸나 너와 나 사이 우르르릉, 천둥 친다

누가 벼락 맞을 놈이냐 너와 나 사이 벼락 떨어진다

너와 나 사이 소나기 한 줄금 퍼붓는다 다 뛴다

비 그치자 너와 나 사이 무지개 선다 일곱 가닥 실끈으로 밤새워 만든 게 무지개라는 거 알겠다

너와 나 사이 꽃샘바람 분다 꽃 피우기 위해 제 몸 사르는 바람도 있다는 거 이제 알겠다

너와 나 사이 서릿발 반짝이는 긴 의자 달랑 누워 있다 누가 먼저 손 내밀꺼나

>

너와 나 사이, 함께 바라보는 저무는 바다가 있다 이젠 파도 소리의 긴 파동만이 우리의 귓전에 남아 울 것이다 내 탓이다

꽃과 나비

꽃들은 나비의 발끝만 보아도 오줌을 지린다
찌리릭 전기가 흐르는 나비의 발가락이
꽁꽁 감춘 자신의 전생을 읽어 내기 때문

나비는 누군가의 비밀을 안다는 게 고역이어서
쉬이 발을 대지 못하고
하염없이 꽃밭을 맴돌다 간다

오늘 나비가 찾은 건 벼랑 위 기생 마을
화관족두리 모양의 꽃들이 하도 예뻐서
거기에 그만 풍덩 빠져 죽고 싶어서
무심결에 발을 댔다가 화들짝 놀라 달아난다

제 사내를 따르기 위해 하르르르
중이 되고, 곡기를 끊고, 목을 매단 기생꽃들이
전생을 들키고 난 뒤 바르르 떨었기 때문

그러니 혹, 꽃잎이 한들거리고 있거든
바람 한 점 불어서가 아니라
나비의 발가락 때문이었음을 기억해다오

해 설

균형과 구체의 감각

유성호

1

　오봉옥의 신작 시집 『노랑』은, 오봉옥 시의 오랜 발생론적 기원(origin)인 '역사적 상처'에서 여전히 발원하면서도, 일상적 국면의 구체성과 언어 미학적 섬세함을 흔연히 결속하여 이루어 낸 한 시대의 선명한 풍경첩이다. 그 안에는 시인이 오랫동안 경험해 온 사실적 삽화와 함께, 삶의 고단함과 어둑함을 발견하고 치유하려는 그만의 감각과 열정이 깊이 숨겨져 있다고 할 수 있다.
　우리가 잘 알듯이, 오봉옥 시편은 시력(詩歷) 25년을 흐르는 동안 『지리산 갈대꽃』(창작과비평사, 1988), 『붉은 산 검은 피』(실천문학사, 1989), 『나 같은 것도 사랑을 한다』(실천문학사, 1997) 등에 담겨 변전되어 왔다. 비유하자면, 그의 시는 저 가혹했던 1980년대의 살풍경 속에서 피어난 일종의 '붉은 꽃'이었다. 역사의 검은 물줄기를 거슬러 오르기를 주저하지

앉았던 그의 첨예한 '역사적 상상력'은, 이 땅이 거쳐 온 구체적 시간들을 복원하면서, 그 행간에서 잊혀져 간 흔적들을 새로운 시대를 향한 에너지로 탈바꿈시키려는 비타협의 열정으로 나타난 바 있다. 그야말로 돌올하고 치열하고 매서운 언어였다. 그러다가 그는 '역사'의 행간에서 '사랑'의 문맥으로 키워드를 현저하게 옮겨 가면서, '경험적 구체성'이라는 가장 중요한 시적 형질과 언어 미학적 차원을 오래도록 사유하고 표현해 왔다고 할 수 있다.

얼추 13년 만에 펴내는 이번 시집은, 이러한 큰 흐름 가운데 매우 중요한 결절(結節)로서 우리에게 다가온다. 그만큼 우리는 그의 근작들을 통해 오봉옥 시편의 현재형은 물론, 그가 오랫동안 갈무리해 온 '경험적 구체성'으로서의 시적인 것의 진화 과정을 경험할 수 있을 것이다. 말하자면 이번 시집을 통해 우리는 그가 '시'를 통해 구축하려고 했던 궁극적이고 구경적(究竟的)인 언어 미학을 엿볼 수 있게 될 것이다.

2

모두 60편의 작품이 수록된 이번 시집은, 눅눅한 세월을 지나 한결 너른 품을 가지게 된 시인이 보여 주는 가열하고도 심미적인 실존의 노래이다. 그의 시편들은 자신의 기억 속에 녹아 있는 기층 언어들을 한껏 활용하면서, '시'가 결국 '현실'과 '기억'을 결속하여 현상하는 양식임을 선명하게 증

언하고 있다. 그래서 그의 시편에는 일상적 국면이 구체적으로 드러나는 '현실'의 감각도 많이 녹아 있지만, 자신과 더불어 한세상을 살아온 이들에 대한 '기억'의 책무를 다하는 시편들도 적지 않다.

오봉옥 시인은 그렇게 오로지 '시'만 생각하고, '시'로써만 삶을 구성해 온 이의 절절한 노래를 우리에게 들려준다. 그런데 그의 '노래'는 감상성이 농후한 비가(悲歌)의 외관을 띠지 않고, 오히려 '곡예'나 '놀이'의 형식으로 변형되어 흘러나온다는 점에 새로운 특징이 있다. 오봉옥 시편에서 전언의 무게 못지않게 감각의 탄력이 중요한 까닭도 그 점에 있을 것이다. 다음 시편을 읽어 보자.

거미의 적은 이슬이다
끈끈이 점액질로 이루어진 집은
이슬의 발바닥이 닿는 순간
스르륵 녹기 시작한다
눅눅해진 거미줄로는
그 무엇도 붙들 수 없어
허공을 베어 먹어야만 한다

거미는 숙명적으로
곡마단의 곡예사가 된다
가느다란 줄에 떼 지어 매달리는 이슬을
곡예사가 아니고선

다 털어 낼 수 없기 때문이다

이슬의 살은 공처럼 부드럽다
곡예사는 이슬을 발가락 끝으로 통
통 퉁겨 보기도 하고
입으로 빨아들여 농구공처럼 톡
톡 내쏘기도 한다
작은 물방울들을 눈덩이처럼 굴려
크게 만들어 놓은 뒤
새총을 쏘듯이 거미줄을 당겼다 놓아
다시금 새하얀 구슬들로 쏟아지게도 한다

이슬을 다 걷은 거미는
괜시리 한번 거미줄을 퉁겨 본다
오늘도 바람이 불면 그물망 한 가닥
기둥처럼 붙잡고 흔들릴 것이다
그뿐인가,
팽팽한 줄이 퍼덕이는 순간
회심의 미소를 짓기도 할 것이다

─「거미와 이슬」 전문

 새벽이 되어 거미줄에 달린 이슬을 터느라고 거미는 수고로운 노동을 마다하지 않는다. 왜냐하면 점액질로 만들어진 거미집이 금세 이슬에 녹을 것이기 때문이다. 이때 거미는

'곡마단의 곡예사'가 된다. 노동이 아니라 '놀이'를 하려는 것이다. 다시 말해 가느다란 줄에 매달린 이슬을 '곡예사'가 되어 퇴치하려는 것이다. 그렇게 '곡예사'가 된 거미는 이슬을 발가락 끝으로 "퉁/ 퉁" 퉁겨 보기도 하고, 입으로 빨아들여 "톡/ 톡" 농구공처럼 내쏘기도 하고, 눈덩이처럼 굴려서 줄을 당겼다 놓아 하얀 구슬이 되게 하기도 한다. 여기서 '공/퉁/톡/총' 등은 그 어의(語義)보다는 특유의 어감(語感)으로 '곡예'의 물질성을 돕는다. 이슬을 다 털고 난 다음 거미는 다시 한번 곡예사로서의 진면목을 보이는데, 그것이 바로 팽팽한 줄이 흔들리는 순간 미소 짓는 장면이다. 결국 이 시편은 거미와 거미줄의 관계를 곡예사와 그물망의 관계로 전이시킨 것이다.

이러한 '곡예'의 장면은, 초저녁달이 떠오르는 풍경을 아이의 공놀이에 비유한 「공놀이」로 이어진다. 가령 "아이는 오늘/ 처음으로 세상의 주인이 되어/ 달을 차고 논다"(「공놀이」)고 표현하는 동화적 상상력이 거기 잘 나타난다. 얼른 어른이 되고 싶었던 아이들의 낭만과 사랑과 추억을 담은 「별똥별의 비밀」에서도 시인은 "출렁출렁, 저 세상의 길들이 다시금 거기서 시작"되는 비밀을 풀어 놓는다. 이처럼 오봉옥 시인은 '곡예'라는 기막힌 균형을 택하면서, 그러한 균형 감각이 '현실'과 '기억' 사이에, '자아'와 '타자' 사이에, '이것'과 '저것' 사이에 한결같이 존재해야 함을 노래한다. 일종의 '사이의 시학'이라 할 수 있는 그의 언어에 좀 더 귀를 기울여 보자.

너와 나 사이 팽팽 고요 있다 건들면 쩡 금 간다

쉿! 너와 나 사이 굶주린 사자 새끼 한 마리 건너다닌다

누가 잠자는 하늘을 건드렸나 너와 나 사이 우르르릉, 천둥 친다

누가 벼락 맞을 놈이냐 너와 나 사이 벼락 떨어진다

너와 나 사이 소나기 한 줄금 퍼붓는다 다 뛴다

비 그치자 너와 나 사이 무지개 선다 일곱 가닥 실끈으로 밤새워 만든 게 무지개라는 거 알겠다

너와 나 사이 꽃샘바람 분다 꽃 피우기 위해 제 몸 사르는 바람도 있다는 거 이제 알겠다

너와 나 사이 서릿발 반짝이는 긴 의자 달랑 누워 있다 누가 먼저 손 내밀꺼나

너와 나 사이, 함께 바라보는 저무는 바다가 있다 이젠 파도 소리의 긴 파동만이 우리의 귓전에 남아 올 것이다 내 탓이다

—「하루」전문

자아와 타자 사이에 하루가 펼쳐지고 흘러간다. 이 시편은 '하루'라는 시간 안에 펼쳐지는 숱한 '사이'의 고요와 긴장과 활력을 감각적으로 채집하면서 시작된다. "너와 나 사이"에 숨겨져 있는 고요는 건드리면 금이 갈 듯 팽팽하기만 하다. 그 팽만한 고요 속에 굶주린 사자 새끼 같은 야성도 있고, 천둥도 치고, 벼락도 치고, 소나기도 퍼붓고, 무지개가 나란히 선다. 그러더니 너와 나 사이에 새삼 꽃샘바람이 불고, "서릿발 반짝이는 긴 의자"에 앉아 너와 내가 "함께 바라보는 저무는 바다"가 있다. 하루가 팽팽한 고요에서 시작하여 천둥과 벼락과 소나기와 무지개로 이어지고, 꽃샘바람과 저무는 바다로 마감된다. 그런데 "누가 먼저 손 내밀꺼나"에서 보듯, 하루가 다 가도록 너와 나의 '사이'는 좁혀지지 않는다. 다만 함께 바라보는 바다를 사이에 두고 "파도 소리의 긴 파동만이" 너와 나의 귓전에 남을 것이기 때문이다. 그 좁혀지지 않음을 화자는 '내 탓'이라고 한다. 비록 너와 나 사이에 걸린 무지개는 "일곱 가닥 실끈으로 밤새워 만든" 것이고, 너와 나 사이에 부는 꽃샘바람은 "꽃 피우기 위해 제 몸 사르는" 존재일지라도, 너와 나를 구성하는 아득하고도 필연적인 '사이'는 하루 내내 팽팽한 고요처럼 우리의 존재를 감싸고 있는 것이다.

　이러한 일관된 '사이'의 시학은 시집 곳곳에서 발견된다. 완강한 균형에의 의지라고 할 수 있는 이 같은 시학은, "태양도 품어 바글바글 끓게 하고/ 끝내는 붉은 노을로 철철철 넘치게 하는 수평선"(「수평선」)이 삶과 죽음 '사이'에 있다는 표현이나, "어머니와 풀 한 포기 사이에 물길"(「경계가 없다」)이 트인다는 상상, 그리고 "서로를 바라보며 서로의 차이를 읽어 낼"(「쌍둥이」) 안목을 강조하는 대목에도 한결같이 무르녹아 있다. 이처럼 오봉옥 시편에는 '곡예'와 '사이'라는 균형에의 의지를 통해 존재자들의 길항과 역동성을 천착하려는 열망이 깊이 담겨 있다 할 것이다.

3

또한 이번 오봉옥 시집에는 관념의 생경함보다는 색채 감각으로 대표되는 감각적 구체가 생생하게 살아 있다는 점이 특징적이다. 지난날 붉고 검은 역사의 빛깔을 때로는 우화적으로 때로는 사실적으로 표현했던 시인은, 현저하게 '노랑과 초록'으로의 색채 변환을 보여 준다. 시집 제목이 되어 버린 다음 시편은, 바로 그 색채 감각이 어떻게 오봉옥만의 '시적인 것'으로 구축되는지를 선명하게 보여 주는 사례이다.

시작은 늘 노랑이다. 물오른 산수유나무 가지를 보라. 겨울잠 자는 세상을 깨우고 싶어 노랑 별 쏟아 낸다. 말하고 싶어 노랑이다. 천 개의 입을 가진 개나리가 봄이 왔다고 재잘재잘, 봄날 병아리 떼 마냥 종알종알, 유치원 아이들 마냥 조잘조잘. 노랑은 노랑으로 끝나니 노랑이다. 바람도 없는 공중에 보이지 않는 손이 있어 잠든 아이를 내려놓듯이 노랑 꽃들을 내려놓는다. 노랑을 받아 든 흙덩이는 그제야 발가락을 꼼지

락거리며 초록으로 일어나기 시작한다. 노랑이 저를 죽여 초
록 세상을 만든 것.

—「노랑」 전문

    노란 산수유나무를 바라보면서 화자는 '노랑'의 시작을 알린다. 어느새 산수유의 '노랑'은 지상으로 번져 가면서 "겨울 잠 자는 세상"을 깨우고 싶어 노랑 별을 쏟고, 개나리의 '노랑'도 봄이 왔다고 재잘재잘 종알종알 조잘조잘 병아리처럼 아이들처럼 말하고 싶어 한다. 그런데 '바람도 없는 공중'에 보이지 않는 손이 있어 잠든 아이를 내려놓듯 '노랑' 꽃들을 내려놓자, 그 노랑을 받아 든 흙이 비로소 초록으로 일어나기 시작한다. 말하자면 '노랑'의 희생과 헌신으로 '초록 세상'이 만들어진 것이다.

    여기서 '노랑'은 "시렁 위에 모셔 둔 노란 장화를 보노라면 겨드랑이엔 어느새 지느러미가 돋아나 상상 속을 날아다녔다. 노란 장화만 신으면 그 어디에든 가 닿을 수 있을 것 같았다"(「장화여행」)로 나타나기도 하고, '초록'은 "어머니는 나에게 야생 초록을 안겨 주었다"(「초록」)는 진술로 이어지기도 한다. 그야말로 오봉옥 시편에서 '노랑'은 가없는 희생과 생명의 근원이 되고, 그 위에서 탄생하는 '초록'은 새로운 차원을 여는 상징적 빛깔이 됨을 알려 주는 사례들일 것이다.

    결국 「노랑」은, 우리 시대의 한 삽화를 선명하게 환기하는 정치적 알레고리로도 읽을 수 있겠지만, 그보다 훨씬 더 큰 스케일과 이법(理法)을 함께 담고 있는 작품으로 읽어도 손색

이 없다. 이렇게 가장 구체적인 감각을 통해 삶과 역사의 순리에 가닿음으로써, 오봉옥 시편은 생경한 관념이 아니라 생생한 감각으로 삶과 역사를 환기하는 차원을 새롭게 획득한다. 그리고 그 안에는 "장마가 지나가야 햇살은 더 쨍쨍한 법,/ 살아온 날을 동여매야/ 살아갈 날이 또 새롭게 열리는 법"(「어느 하루」)이라든지 "지워지는 건 사라지는 게 아니라 지나간 세월을 잠시 묻어 두자는 것. 앞으로 나아가기 위해 아주 잠시만 잊어 보자는 것"(「오아시스」)이라는, 시인의 가치 지향을 암시하는 전언이 깊이 숨어 있다고 할 수 있다.

> 난 세상의 상처,
> 가시집을 짓고 산다
> 여긴 풀꽃 하나 피어날 틈이 없다
> 어제도 노랑나비가 무심코 날아와선
> 화들짝 놀라 달아났다
> 바람이 먼 길을 돌아
> 슬그머니 사라질 때
> 먼 길을 비로소 돌아본다
> 한동안 난 잠시도 머뭇거리지 않는
> 밀물이었다 벅찬 요동이었다
> 하지만 난 한순간의 썰물이어서
> 썰물인지조차 몰랐다
> 누가 있어 세상을 바꿔 가는 것일까
> 처음 본 황혼이 또 우루루 우루루 무너져 내린다

난 지금 눈물을 가만히 뉘어 놓고
　　　세상의 한 끝을 응시하고 있다
　　　　　　　　　　　　　　　　—「폐허의 눈」 전문

　한때는 '밀물'이었고 '요동'이었던, 하지만 지금은 가시집을 짓고 '세상의 상처'를 자임하며 살고 있는 화자는, 풀꽃 하나 피어나지 못하고 나비도 놀라 달아나고 바람도 사라져 버리는 '폐허의 눈'을 가지고 있다. 자신이 돌아온 먼 길을 돌아보면서, 스스로 "한순간의 썰물"인지도 모르고 살아온 시간을 회상하면서, 화자는 눈물을 뉘어 놓고 세상의 끝을 바라본다. 일찍이 "나도 한때는 눈물 많은 짐승이었다. 이슬 한 방울도 누군가의 눈물인 것 같아 쉬이 핥지 못했다"(「달팽이가 사는 법」)고 고백했던 시인은, 처음 바라보았던 황혼이 무너져 내리는 세상의 한 끝을, '폐허의 눈'으로 바라본다. 어차피 '폐허'는 또 다른 생성의 모태임을 믿으면서, "누가 있어 세상을 바꿔 가는 것일까"라는 물음을 던진다. "내 눈/ 깊어져/ 텅 빈 터널이 되는"(「거기」) 거기에서 비로소 "세상을 바꿔 가는" 생성의 계기를 역설적으로 상상하고 있는 것이다.

　이처럼 오봉옥 시인은 구체적인 감각적 실재를 가지고, 삶과 역사의 이법 이를테면 희생과 헌신 뒤에 오는 세상, 폐허와 눈물 다음에 오는 세상의 한 끝을 응시하고 있다. 아프고 견결하고 아름답다.

4

 마지막으로 오봉옥 시편에서 빼놓을 수 없는 것은, 동시대의 타자들을 향한 따뜻하고도 지속적인 시선이다. 이러한 시편들은 지난날 오봉옥 시학의 연장선상에 있으면서도, 미학적 갱신이라는 스스로의 요구를 결합한 결실일 것이다. 일찍이 '아방가르드'를 야만적 사회에 대한 고통의 미메시스로 파악한 아도르노의 규정을 따른다면, 오봉옥 시편은 일종의 '서정의 아방가르드'라고 명명해도 좋을 속성을 지니고 있다. 말하자면 타자들의 고통에 가 닿음으로써 그 고통의 미메시스를 완성해 내는 그의 안목과 표현이 이러한 역설적 명명을 가능케 하는 것이다.

> 푸른 잎잎도 펄펄 파도를 타는 이때에
> 너희는 눈을 잃고
> 천 길 어둠 속 매만지고 있구나
>
> 철늦은 벚꽃 그 하얀 입술이 막 벌어지는 이때에
> 너희는 죽어서 가만히 눈떠 보고 있구나
> 타다 만 건물 모퉁이에 남겨 둔 운동화 한 짝
> 말없이 지켜보고 있구나
>
> 미안하다, 너희들의 노는 소리 툭 끊기는 날에 우리는
> 꽃멀미 일으키고 있었다 철쭉꽃이 불붙어 타오른다고

우리도 덩달아 소리 지르며 깔깔대고 있었다

너희들이 있어 세상이다
함부로 부르고 싶은 너희들이 있어 비로소 세상이다

죽지 마라, 이 꽃 보고 보고
나보다 훨씬 뒤에 죽어라
　—「너희들이 세상이다-북녘 땅 용천 아이들에게 부쳐」 부분

　연전에 우리에게 깊은 충격을 준 북한 용천역 폭발 사고는, 긍정적 결속의 힘이든 오랜 무의식에 담긴 한시적 열정이든, 우리가 어떤 궁극의 지평에서 아직도 '민족'을 상상하고 사유하는 열정을 가지고 있음을 확인시킨 바 있다. 이 시편의 화자는 이 사고로 눈을 잃고 천 길 어둠 속을 매만지고 있는 아이들을 일일이 호명한다. 4월이었으니 아마도 벚꽃이 철늦게 벌어지는 그때, 아이들은 죽어 "타다 만 건물 모퉁이에 남겨둔 운동화 한 짝"만 지켜보고 있다. 바로 그날 꽃멀미 일으키며 환호했던 순간을 떠올리면서, 화자는 "미안하다"와 "죽지 마라"를 반복한다. 아이들이 있어 세상인데, 제발 죽지 말기를 빌고 소원한다. 막연한 감상이 아니라, 동시대의 재앙에 대해 깊은 연민을 가지고 "너희들이 세상"이라고 외치는 시인의 목소리는 여전히 따뜻하고 깊다.

　동시대의 타자들을 향한 이러한 시적 관심은 "직장에서 쫓겨나/ 초라한 제 얼굴 감추고자 서둘러 돌아서는/ 마흔둘

사내의 등허리"(「그 노을을 본다」)를 바라보는 시선이나 "세상에서 가장 강한 이름 아버지 어머니가 흔들리고 울면서 살아온 존재"(「한강대교 2」)임을 떠올리는 장면에서도 얼마든지 찾아볼 수 있다.

> 책들은 계속 내동댕이쳐지고 있더구나,
> 한때는 핏방울처럼 뜨거웠던 자식들
> 한때는 칼날처럼 날카로웠던 자식들
> 고물상은 자질구레한 이삿짐을 올리듯이
> 표정도 없이 트럭 위로 내던지고 있더구나.
> 잊혀진 늙은 혁명가며
> 이른 나이에 요절한 작가며
> 어제의 나를 동여맨 눈 붉은 전사들이
> 장작더미 쌓이듯이 쌓여만 가고 있더구나.
> 이제 누가 있어 나를 긴장시킬 것인가.
> 그 시퍼런 눈들 사이로 잠시 돌아가
> 나를 후려치고 올 수도 없는 일.
> 바닥에 흘린 책 한 권을 들어 올리자니 울컥,
> 참고 참았던 눈물이 쏟아지더구나.
> 굴속에 숨어든 빛,
> 난 그 밧줄을 잡고 예까지 왔으니.
> '새 책도 많네요',
> 숫눈 같은 책들이 쓸려 가는 것을 보면서 또 마음에 걸리더구나,

내가 찍은 고단한 발자국도 행여 그럴 것만 같아서.

—「책」 전문

  동시대의 타자들을 만났던 교량이요, 한 시대의 대안적 유토피아를 담았던 저항의 거점이요, 일정 시간이 지나면 낭만적 회억(回憶)의 진원지가 되는 것이 바로 '책'이 아니던가. 이 물리적 실재를 두고 화자는 그 안에서 오랜 시간을 바라본다. 한때는 뜨거웠고 날카로웠던 식솔들이었지만, 이제 그들은 버려져 있다. 그렇게 늙은 혁명가며 요절한 작가며 눈 붉은 전사들이 모두 낡아 가고 있는 풍경 속에서, 화자는 자신을 이제 누가 새로이 긴장시키고 후려칠 것인가를 상상한다. 순간 "바닥에 흘린 책 한 권"이 화자의 지난날을 인화하면서 "참고 참았던 눈물"을 쏟게 한다. 왜냐하면 바로 그 책이 "굴속에 숨어든 빛"이었고 자신이 잡고 살아왔던 '밧줄'이었기 때문이다. 이처럼 자신을 새로이 다잡는 시편들은, 오봉옥 시학에 나타나는 '기억'이 단순한 회상이 아니라 자신을 향한 아픈 죽비 소리의 형식임을 충실하게 증명해 준다. 비록 "출렁거리다 보면 이 고단한 여행도 끝날 것"(「한강대교 1」) 같다고 말하지만, 거기에는 한 '눈물 많은 짐승'이 소리쳐 우는 비극성과 소록소록 움트는 희망 같은 것이 아스라하게 내비치고 있음을 알 수 있는 것이다.

5

 오봉옥 시편의 깊은 수원(水源)은, 말할 것도 없이, 지나온 시간들에 대한 '기억'의 원리에 있다. 하지만 그것이 감상을 동반한 과거 회고주의나 지난날은 모두 아름답다는 추억제일주의로 나아가는 것은 아니다. 다만 그는 "내 기억의 창고엔 핏줄처럼 뜨거운 것들로 가득하다"(「사진」)고 말하면서, 그 '핏줄처럼 뜨거운 것들'로 인해 아름답고 선연하고 불가역(不可易)인 시간을 현재형으로 거듭나게 하고 있을 뿐이다. 그래서 "기억의 창고야말로 찬란한 구속"(「꿈속의 장난」)이라고 고백하는 그의 시편들을 두고, 우리는 '기억'을 낡은 인화지에 담아 두는 것이 아니라 현재의 존재론으로 끌어올리는 오봉옥 시학의 정수(精髓)를 평가할 수 있을 것이다. 그때 그가 "외로우면 외로울수록 가슴에 박아 둔 기억을 꺼내/ 불씨를 지펴 보자"(「외로울 때는」)고 말하는 것을 수긍하게 될 것이다.
 그런가 하면 오봉옥 시편에는 "저 곁에 가 조용히 눕고 싶다/ 누가 와서 흔들어도 잠시만 쉿, 하고/ 저세상으로 말없이 건너가고 싶다"(「산화」)고 말하는 사람, "다음 생은/ 절 마당 구석에서 채송화로나 피고 싶다는"(「이런 여자」) 사람, "결국은 몸 안에 있는 영양분 내게 다 빼앗기고 숭숭 구멍 난 뼈로 묻힐 것 같은"(「무서운 당신 1」) 사람, 당신과 함께 "저렇게 한번 죽어 보고"(「늦봄」) 싶다는 사람도 등장한다. 그야말로 그의 시편에는, 징하고 징한 존재자들의 구체적 생애와 감각이 선연한 물질성을 가지고 나타나는 특장이 있다. 이러한 어둑한 존재론 역시 깊이 탐색되어야 할 오봉옥 시편의 개성적 음역(音域)이 아닐 수 없다. 그리고 이번 시집에는 문명의 이기(휴대폰 등)에 밀려나는 중년 사내의 쓸쓸함도 있고, 고향 방언에 얹힌 이웃들의 진솔한 삶도 눈부시게 들어 있다.

어느 시편을 인용해도 좋은 균질성을 가지고 펼쳐진 이번 시집은, 오봉옥 시인의 균형과 구체의 감각을 보여 주는 동시에, 대상을 향한 연민과 희망의 기억을 아득하게 보여 주고 있다 할 것이다. 이제 그 감각과 기억의 품과 격을 우리가 찬찬히 읽어 볼 차례이다.